Les

Théoriciens de la Musique

au temps de la Renaissance

Exemplaire N° 59

LES

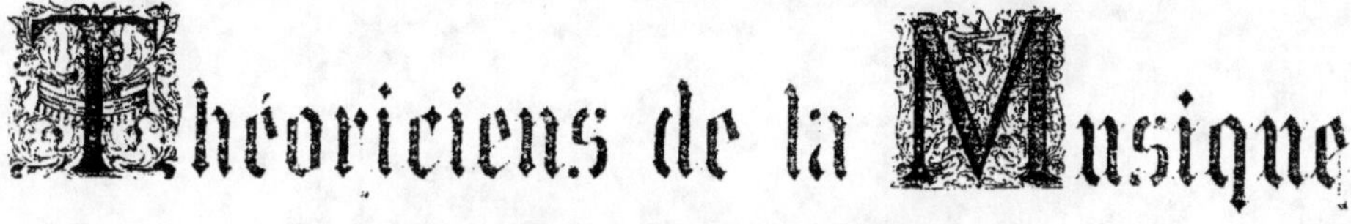

Théoriciens de la Musique

au temps de la Renaissance

Éditions publiées
par

M. HENRY EXPERT

Sur les Manuscrits les plus authentiques et les meilleurs Imprimés des XVe & XVIe siècles,
avec Notations et Textes originaux,
Traductions françaises, Transcriptions en Notation moderne, Variantes, etc.

MICHEL DE MENEHOU

NOUVELLE INSTRUCTION FAMILIÈRE

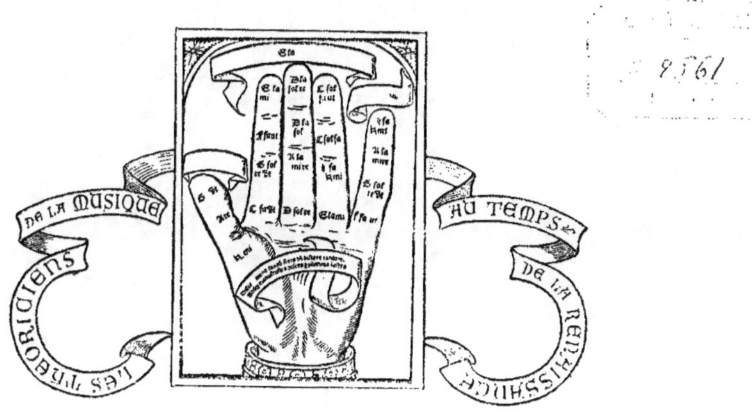

PARIS

ALPHONSE PICARD & FILS

3, RUE DE GRAMMONT, 3

M DCCCC

NOUVELLE

Instruction Familière

en laquelle sont contenues les difficultés de la Musique.

PAR

MICHEL DE MENEHOU

Maître des Enfants de Chœur de l'Eglise
Saint-Maur-des-Fossés, lès Paris.

NOTICE

Michel de Menehou est un des nombreux oubliés de la grande Ecole musicale franco-flamande du XVIᵉ siècle.

L'épître dédicatoire de son *Instruction* nous apprend qu'il remplissait la fonction de Maître des enfants de chœur en l'église abbatiale de Saint Maur-des-fossés, dans le temps que Jean du Bellay en était l'abbé commendataire. D'après les termes de cette même dédicace, il est permis de ranger Menehou parmi les artistes et les littérateurs de marque protégés de l'illustre cardinal.

Nous ne connaissons, jusqu'à présent, rien de plus sur ce vieux maître.

La Nouvelle Instruction Familière s'adresse aux jeunes musiciens qui « *desirent sçavoir la maniere de pratiquer les accords affin de coucher quelque chose par escript.* »

A la différence des grands ouvrages théoriques — d'un Gafori, d'un Glarean. — où l'art de musique est étudié dans tous les détails de sa complexité savante, c'est un *Rudiment* qui ne veut que « *familierement donner à cognoistre* » aux jeunes gens la manière d'écrire, les initiant d'ailleurs à quelques particularités difficiles de l'ancienne musique : c'est comme un essai de vulgarisation des éléments de la composition musicale.

A ce titre, ce petit livre nous est précieux : il nous présente, en quelque manière, une idée de l'enseignement de la musique en France vers le milieu du XVIᵉ siècle.

En voici, avec la pagination de notre édition, l'ordre des matières :

A la suite de l'ouvrage :

Les préceptes de l'INSTRUCTION FAMILIÈRE sont énoncés avec une concision telle qu'il serait malaisé de les résumer; les exemples qui les appuient leur donnent une force démonstrative remarquable.

Çà et là, au travers de la succession rapide des règles, on peut noter des définitions ou des conseils dont userait encore la didactique musicale de nos jours: en son parler naïf, Menehou leur donne un relief des plus piquants. Citons au hasard :

> Chap. XXI. « *Il y a autres mauvais accords, lesquels sont sauvés, et entendus par la note subsequente, et cela advient le plus souvent en cadences, car toute cadence se doibt achever, et finir par un accord parfait, lequel pour la douceur, et harmonie qu'il rend en la fin de laditte cadence, fait ce mauvais accord precedent estre doux et harmonieux.* »

> Chap. XXIII. Il ne faut pas user des positions trop larges « *car la Musique en seroit trouvée fort nue, et estrange : mais faut asseoir ses accords plus pres, pour la rendre douce et plus remplie.* »

> Chap. XXVI. « *Il n'est besoing que les cinq parties chantent continuellement ensemble, n'y pareillement quatre : mais on les peut aucunes-fois entrelasser à trois, ou à quatre parties, par le moyen d'aucunes pauses, qui est une chose souvent de meilleure grace, que si lesdittes cinq parties chantoient tousiours ensemble.* »

> Chap. XXVII. « *Faire chanter ses parties le plus plaisamment que l'on pourra.* »

Aux chapitres X, XI, XII, XXVIII, le théoricien se double d'un compositeur dont la plume, souple et avisée, manie, non sans grâce, de savantes figures contrapontales.

Somme toute, la Nouvelle Instruction familière nous parait l'œuvre d'un
véritable artiste, et d'un maître en l'art d'enseigner.

L'ouvrage s'achève par le chapitre des Canons : mais l'imprimeur ancien,
disposant d'un dernier feuillet, a eu l'heureuse idée de le remplir par une chanson
de Menehou : « *Le souvenir de madame iolie* ». Cette pièce, d'une très élégante
facture, d'une exquise délicatesse d'expression, nous confirme en notre senti-
ment, et nous fait vivement regretter la disparition des autres compositions de
Menehou.

Nous établissons notre édition sur l'imprimé conservé à la Bibliothèque
nationale de Paris [Réserve V, 1517], un in-4° obl. de 12 feuillets non chiffrés,
signés A-C, de 4 en 4.

Nous ne modifions en rien l'original, sauf la distinction de l'*u* et du *v*, et la
tête des chapitres [nous disons : Chapitre I. Des trois degrés de Musique, au lieu
de : Des trois degrés de Musique. Chapitre I]. L'ancienne notation est conservée,
afin que, par la forme comme par le fond, le lecteur pénètre dans le passé musi-
cal et s'en assimile l'esprit en ses moindres nuances : mais, pour une plus grande
clarté, nous ajoutons aux exemples originaux leur mise en partition avec figura-
tion ancienne, accompagnée d'une réduction en notes modernes. Cette réduction
est mesurée par *touchements* (la mesure du xvi⁰ siècle, composée du levé et
frappé) : ainsi deviennent plus facilement évidentes les définitions comme celle
du chap. XII : « ... *les notes, et pauses de ladite Prolation parfaite doublent, et
augmentent de valeur, de sorte que la Semibreve parfaite vaudra trois mesures, et
la Minime blanche une* ».

Disons, pour terminer, que la lecture du Privilège accordé à N. du Chemin
n'est pas indifférente. Nous y voyons qu'en l'année 1554 cet imprimeur-libraire,
qui possédait à Paris un fonds de musique important, mettait en vente : Messes,
Motets, Magnificats, Psaumes, Hymnes en l'honneur de Dieu, Chansons pro-
fanes, Musique de danse, Musique d'Orgue, de Luth, de Guitare, d'Epinette, etc.
Or, si l'on songe que la plupart de ces publications ont disparu, que le peu qui
nous en reste demeure obscurément enseveli dans les *Réserves* de nos bibliothè-
ques, ou parmi les trésors de quelques bibliophiles, on conviendra qu'il est d'ur-
gente nécessité de rechercher activement, afin de les tirer de l'oubli, ces monu-
ments indispensables à la vérité historique, et qui recèlent, sans nul doute,
maintes pages glorieuses pour le génie français.

Henry EXPERT.

Paris, le 15 Mai 1900.

NOVVELLE INSTRVCTION FAMILIERE,

en laquelle ſont contenus les difficultés de la Muſique, auecques le nombre des concordances, & accords : enſemble la maniere d'en vſer, tant à deux, à trois, a quatre, qu'à cinq parties : nouuellement compoſee par Michel de Menehou, maiſtre des enfans de Chœur de l'Egliſe ſainct Maur des foſſez, lez Paris.

1 5 5 8.

A PARIS.

De l'imprimerie de Nicolas du Chemin, à l'enſeigne du Gryphon d'argent, rue Sainct Iean de Latran.

Auec priuilege du Roy, pour dix ans.

Extraict du privilege du Roy.

Il est permis à Nicolas du Chemin, marchand Libraire demeurant à Paris, d'imprimer, ou faire imprimer, et mettre en vente tous livres nouveaux, en Musique : Comme Messes. Motets. Magnificats, Psalmes, et Hymnes en l'honneur de Dieu. Chansons. Gaillardes. Padvanes, Bransles, Bassedanses. Tordions. et aussi plusieurs autres livres de Tabulatures du ieu de lut, Guiterne. Espinette. et autres instruments musicaux. et generalement toute sorte de Musique tant vocale que instrumentale. qui n'ont encore esté imprimées. Avec inhibitions. et defenses à tous Libraires, Imprimeurs. et autres qu'il appartiendra, de non imprimer, ne faire imprimer, ne vendre. ne distribuer tous et chascuns les livres nouveaux en Musique, et Tabulatures des ieux d'Orgues. Luts. Guiternes, et Espinettes, cy dessus mentionnées, que ledit du Chemin entend par cy apres imprimer, ou faire imprimer, augmenter, et corriger (sans le vouloir, et consentement d'icelluy) Dedans le temps et terme de dix ans consecutifs, à commencer du iour, et datte que lesdits livres seront achevés d'imprimer : Sans qu'il soit loisible à autres Libraires, Imprimeurs. et autres personnes quels qu'ils soient, s'ingerer les faire apres luy, ne d'iceux tronquer. separer, cueillir le meilleur desdits livres, Caracteres. et Tabulatures, ne changer les noms des autheurs pour quelque impression que se soit, grande, ou petite forme : et ce sur peine de confiscation desdits livres, et d'amende arbitraire. Comme plus à plain est contenu en l'original de ces presentes.

Donné à Fontaine bell' eaue, le treiziesme iour de Mars. Mil cinq cens cinquante quatre.

Par le Roy. M. Martin Fumée. maistre des requestes ordinaires de l'hostel present.

Signé de la Ruë : Et séelle du grand seau, en cire iaulne, en simple queuë.

A ILLUSTRISSIME, ET REVERENDISSIME CARDINAL
du Bellay, Michel de Menehou, maistre des enfans de Chœur de
son Eglise de S. Maur des fossez, son tres-humble, et obeissant
serviteur, desire felicité perpetuelle.

Monseigneur depuis que i'ay eu du seigneur Dieu ce peu d'esprit
qu'il luy a pleu me donner, et de vous apres principal moyen de mon
sçavoir tel qu'il plaist aux personnes bien affectées en faire iugement,
persuadé, et provoqué de l'exemple des anciens, qui apres l'honneur des
Dieux, du tout s'addonnoient au profit des hommes : et mesme de plusieurs bons espritz de nostre temps, qui touchés du mesme zele, s'efforcent
à l'envy les uns des autres d'illustrer leurs œuvres. Les Poëtes par leurs
poësies, les Geomettres, Astrologues, Medecins, et autres, chascun en
leur faculté. Pour ne perdre ce poinct, en semblable entreprise, suyvant
ma profession, ie me suis mis ces iours passés à composer ce petit art de
Musique. Et pource que les innovateurs, ou inventeurs des bonnes choses,
pour donner cours à leurs œuvres, se sont tousiours aydés de la faveur
des plus grands (entre lesquelz tenés le premier rang) pour autant qu'ilz
sont comme vrays exemples de vertu, aux quelz toutes doctes personnes
se formalizent, de sorte que ce qui est par eux receu, est de tous approuvé :
A ceste cause (Monseigneur) ne trouverés estrange, s'il vous plaist, si
i'ay osé prendre la hardiesse de vous dedier ce petit œuvre. Lequel toutes-
fois i'espere que ne trouverés indigne de vostre veuë en ce qu'il contient.
Non qu'il vous puisse apporter quelque profit, homme accomply en tout
genre de sçavoir, mais à fin que de mon estude eussiés le premier fruit,
comme premier fauteur d'iceluy. Esperant que vostre nom tresillustre
luy sera saufconduit envers les plus difficiles : Ioinct que vous par vos
excellentes vertus, demeurant à iamais immortel, rendrés facilement ce

livre de pareille durée. Parquoy (Monseigneur) ie prieray vostre grandeur
vouloir accepter ce que ma petitesse humblement luy presente : à fin que
soubs la guide de vostre protection, et authorité, d'un chascun hautement
reverée, ce mien opuscule trouve lieu de faveur entre les hommes. Lequel
ie ne doute qu'il ne soit bien receu de tous, si de vous est une fois accepté,
et favorizé, dont seray à iamais tenu, et obligé de prier le Souverain
Crëateur vous donner en prospere santé heureuse felicité, que vòs grandes
vertus meritent.

De Sainct Maur des fossez, ce douziesme de Mars, Mil cinq cens cinquante huict.

Prologue de l'autheur.

Considerant le bon vouloir, et affection, que beaucoup de ieunes gens prennent pour apprendre la Musique, qui est l'une des sciences liberalles, En laquelle (apres y avoir quelque temps estudié) veullent, et desirent sçavoir la maniere de pratiquer les accords affin de coucher quelque chose par escript. Lesquels souventesfois par faute de moyen, et autres raisons, ne peuvent hanter, ne frequenter les personnes ydoines, et propices pour leur monstrer : ce qui leur est beaucoup de fois occasion de annichiler ce bon vouloir : aussi qu'il ne se trouve par escript, qui leur puisse familierement donner à cognoistre la maniere de ce faire. Cela m'a osté toute la crainte que i'avois d'entreprendre ceste petite Instruction familiere, par laquelle ils pourront (moyennant leur labeur, et diligence) facilement parvenir à ce que dessus. Aussi qu'elle me pourra acquitter de la promesse que par cy devant ie pourrois avoir faitte par quelques autres petits Rudiments de Musique. Et pour le commencement ie traicteray quelque petit de la difference des signes que nous pouvons avoir en nostre Musique, et d'autres choses que beaucoup de gens (apres avoir quelque temps apprins leur partie) desirent sçavoir, et entendre, combien qu'on n'en use à present comme on a fait le temps passé, ce neantmoins pour leur en servir. en temps, et en lieu. En apres des concordances, et accords, avecques la maniere d'en user, ensemble les cadences tant à deux, à trois, à quatre, qu'à cinq parties, comme pourrés voir par le discours cy apres.

CHAPITRE I.

Des trois degrés de Musique.

Premierement, faut noter qu'il y a trois degrés de Musique, dont le Premier est appellé Mode, ou Meuf. Le second est appellé Temps. Le troisiesme Prolation. Lesquels contiennent (chascun en son endroit) le Parfait, et l'Imparfait. Et pour cognoistre que c'est que Parfait, et Imparfait : Il faut retenir que Parfait, c'est celuy qui conte, et mesure par trois les notes. et pauses : sur lesquelles sa puissance s'estend. Et l'Imparfait est celuy qui les mesure par deux, comme ie declareray plus amplement cy apres.

CHAPITRE II.

De Meuf, premier degré.

Nous avons de deux manieres de Meuf : Le Maieur, et le Mineur (chascun en son endroit) Parfait, et Imparfait. Meuf Maieur parfait se peut figurer par diverses sortes selon plusieurs, et divers autheurs : mais ie suivray la plus grande, et meilleure opinion, pour eviter la prolixité, que ie pourrois avoir à descripre toutes icelles diverses sortes : combien que maintenant il n'est plus en usage, comme il a esté le temps passé. Ce neantmoins il est bon de l'entendre, et sçavoir. Et pource Froschius en son livre intitulé *Opusculum rerum Musicalium* chapitre 16. Et Lampadius en son livre intitulé *Compendium Musices*, ils ont Meuf Maieur parfait figuré ainsi (a) Et Franchinus, le figure seulement par deux bastons, contenant chascun quatre regles situés devant le cercle rond, ou demy. (b) Et l'Imparfait, par l'absence des pauses. (c) Semblablement Meuf Mineur parfait les premiers sçavoir est Froschius, et Lampadius le figurent ainsi (d) Et Franchinus le figure par un baston seul devant le dit cercle rond, ou demy. (e) Et l'Imparfait par l'absence du dit baston. (f) Toutes-fois par ce qu'ils ne sont plus en usage principalement le Meuf Maieur parfait, il ne peut chaloir lequel de ces deux signes : aussi que ie n'y trouve aucune difference comme ie puis faire au Meuf Mineur, dont ie parleray cy apres. La propre nature de Meuf Maieur parfait, c'est d'avoir esgard de mesurer les Maximes selon les Longues de sorte que laditte Maxime de sa propre nature vaut trois Longues. (a)(b) Et la Maxime de l'Imparfait deux. (c) Pareillement la nature de Meuf Mineur parfait, c'est de mesurer les Longues entre les Breves, de sorte que laditte Longue de sa nature contient trois Breves. (d) et (e) Et la Longue de l'Imparfait deux. (f) Qui est pour le premier degré.

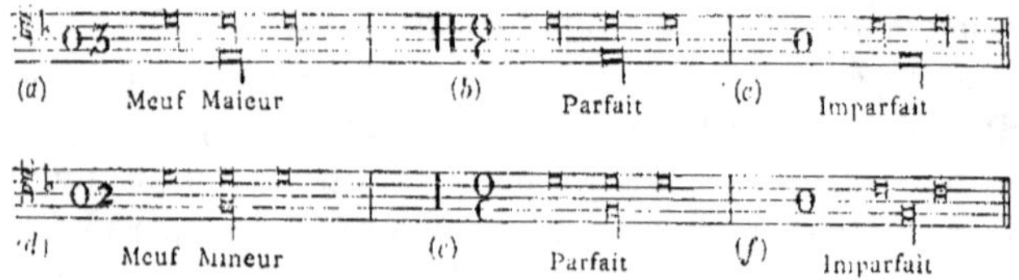

CHAPITRE III.

Du Temps, second degré.

Le Temps Parfait, de sa propre nature, n'a esgard que sur les Breves, et Semibreves, de sorte que la Breve (autrement appellée Temps) vaut de sa nature trois Semibreves. Le Signe est tel (g) Et la Breve de l'Imparfait deux : le signe tel. (h)

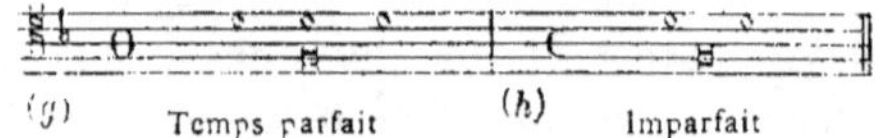

CHAPITRE IV.

De la Prolation, troisiesme, et dernier degré.

La Prolation n'a esgard que sur les Semibreves, et Minimes, et est cognuë quand il y a un poinct dedans le cercle rond, ou demy : mais quand il est rond, la Breve est parfaitte à cause du Temps parfait. Et la Semibreve parfaitte à cause du poinct : laquelle Semibreve vaut trois Minimes blanches, car c'est sa propre nature. (i) Et quand ledit cercle n'est qu'à demy, lors la Breve ne vaut que deux, et la Semibreve demeure parfaitte, à cause dudit poinct. (k) La Prolation imparfaitte est cognuë par l'absence dudit poinct,

alors laditte Semibreve ne vaut plus que deux Minimes. (b)   Tous lesquels
signes cy dessus sont appellés *Signa extrinseca* par ce qu'en chascun degré
le propre signe y est signé au long, et peuvent autrement lesdits degrés estre
signés, et cognus par certaines pauses, ou notes noires, sans autres signes,
comme cy apres sera declaré.

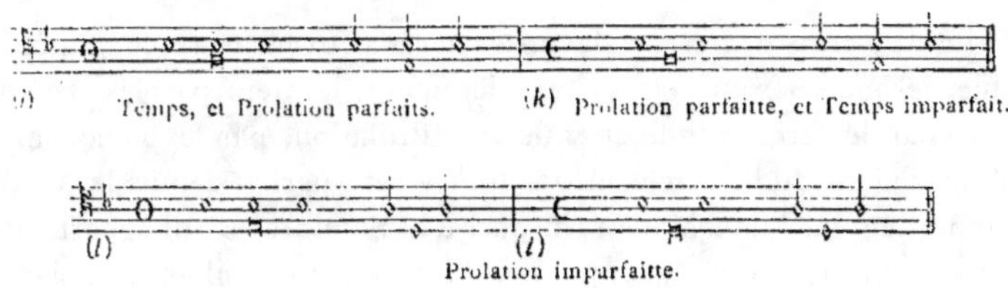

CHAPITRE V.

Autres signes desdits trois degrés.

Premierement, Meuf Maieur parfait se peut figurer par deux bastons
contenant chascun quatre regles. (a)   ou par trois Maximes noires. (b) Le
Meuf Mineur par un baston seul. (c)   ou par trois Longues noires. (d) Le
Temps par deux pauses pendantes en une mesme regle, (e)   ou par trois
Breves noires. (f) La Prolation, par deux souspirs levés sur une mesme
regle. (g) ou par trois Semibreves noires. (h) Sans leur bailler autres signes,
et lors seront appellés *Signa intrinseca* par ce qu'ils seront sans aucun cercle
comme appert par exemple.

CHAPITRE VI.

Des trois degrés cy dessus conioincts ensemble.

Lesdits trois degrés cy dessus declarés peuvent estre conioincts ensemble, lesquels seront cognus premierement, le Meuf par les pauses, le Temps par le cercle rond, et entier, la Prolation, par le poinct mis, et situé au dedans dudit cercle, Alors tout y sera parfait depuis la Maxime, qui appartient au Meuf Maieur, iusques à la Semibreve, qui appartient à la Prolation. (a) Et s'il y a quelque imperfection, et deffaillance de signe sur aucun desdits trois degrés, alors les notes, sur lesquelles laditte imperfection escherra, seront mesurées par deux. (b) Et aussi faut noter que quand Meuf Mineur parfait est figuré ainsi, (c) Combien que le cercle soit rond, et entier, ce neantmoins il n'y a que la Longue qui soit parfaitte, car ce nombre de deux y apposé demonstre la Breve estre imparfaitte, laquelle ne vaut pour lors que deux. (c) Et quand il est signé par la pause contenant quatre regles, si le cercle est rond, la Breve y sera parfaitte, comme la Longue. (d) Et pareillement faut retenir que les pauses tant du Meuf Maieur, que du Mineur, situées devant le cercle, ne doivent estre contées, ne mesurées comme celles qui sont situées apres. Et n'est permis aux deux autres degrés qui sont le Temps, et la Prolation de mettre aucune Pause devant leur signe, ne de les faire toucher quatre regles, car cela seulement appartient au Meuf.

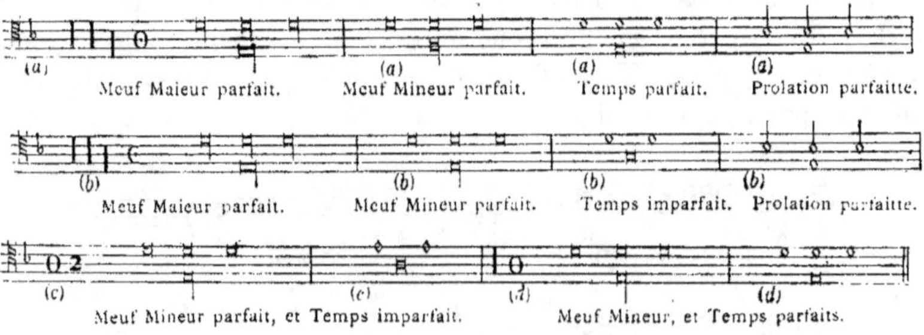

CHAPITRE VII.

De l'imperfection des notes.

Toute note en degré parfait (combien que de sa nature soit parfaitte) comme la Maxime, et la Longue au degré de Meuf Maieur, et Mineur. La Breve au degré du Temps, et la Semibreve, au degré de la Prolation. Ce neantmoins elle peut estre diminuée de sa tierce partie, et perdre autant de sa valeur, comme vaut la note, ou pause, qui la suit, ou precede estant de moindre valeur que elle, lesquelles ensemble parferont le nombre de trois. lequel faut tousiours garder, et observer. (a) Excepté les regles du chapitre sequent. Et aussi perdent la tierce partie de leurs valeurs quand elles sont toutes noires.

CHAPITRE VIII.

Regles generales desdits trois degrés.

Toutes-fois, et quantes, que deux Longues en Meuf Maieur parfait, sont situées entre deux Maximes sans aucun poinct entre deux. Les Maximes demeurent parfaittes. Et la seconde Longue alterée, c'est à dire augmentée d'une fois autant que sa valeur. (a) S'il y a trois Longues entre lesdittes deux Maximes sans aucun poinct, il n'y aura nulle alteration aux Longues : mais les Maximes demeureront parfaittes. (b) S'il en y a quatre, adonc la premiere Longue se ioindra avecques la premiere Maxime, laquelle sera pour lors imparfaitte affin que le nombre de trois demeure en apres tousiours parfait. (c) Ainsi faut-il entendre de tous les autres signes desquels i'ay parlé cy devant, chascun aux notes sur lesquelles leur puissance s'estend, comme en Meuf Mineur parfait, les Breves entre les Lon-

gues, et au degré du Temps les Semibreves entre les Breves, et au degré de
la Prolation, les Minimes entre les Semibreves. Et si les trois degrés sont
conioincts ensemble faudra pareillement observer lesdittes regles prece-
dentes, sur toutes notes desquelles le signe de leur perfection sera comprins,
et signé depuis laditte Maxime, qui appartient au Meuf iusques à la Semibreve, qui appartient à la Prolation. (d) Et s'il y a imperfection sur aucun
desdits degrés, lesdittes regles seront nulles sur les notes d'icelluy, où se
trouvera laditte imperfection, par ce qu'il n'y a nulle alteration, ne perfection de notes aux signes imparfaits. (e)

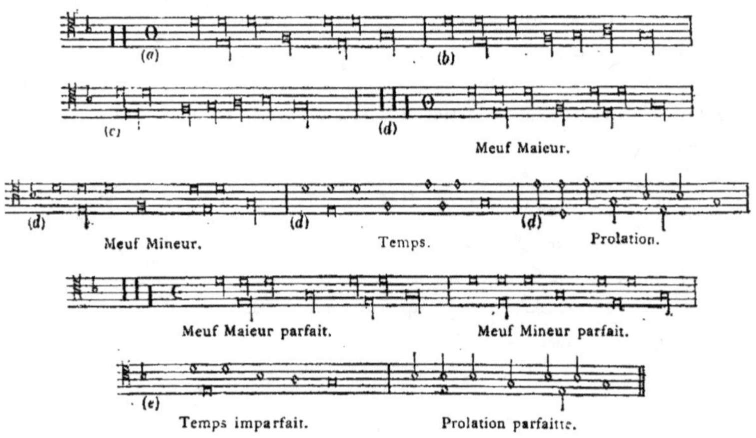

CHAPITRE IX.

Des trois sortes de poinctz, c'est assavoir de Division, de Perfection, et d'Addition.

Le poinct de Division, lequel n'est qu'en degrés parfaits, ne sert que
pour separer deux Longues assises entre deux Maximes, de Meuf Maieur,
ou deux Breves entre deux Longues, de Meuf Mineur, ou deux Semibreves
entre deux Breves, du Temps, ou deux Minimes entre deux Semibreves
de la Prolation. (a) A l'absence duquel il y auroit alteration sur la seconde
note, qui seroit enclose, comme i'ay dit cy devant, Et lors il separe la premiere note enclose, avec sa precedente, qui est imparfaitte, pour faire et

accomplir son nombre de trois, et les deux autres suyvantes pareillement. Et
se peut aussi appeller poinct de demonstration, car quand il y a trois Longues
entre lesdittes deux Maximes, ou trois Breves entre lesdittes deux Longues,
et consequemment des autres degrés, et que le poinct est signé un peu plus
haut que la premiere desdittes trois encloses, alors il demonstre la premiere
Maxime, ou principalle note estre imparfaitte, et prendre sa perfection
sur la premiere des trois encloses, desquelles encloses, la troisiesme sera
pour lors alterée, affin que le nombre y soit, et demeure parfait. (b) Le
second s'appelle poinct de Perfection, lequel n'augmente, ne diminuë : mais
il garde en perfection la note à laquelle il est mis (combien que d'elle mesme
elle soit parfaitte) et ne se trouve que aux signes parfaits, comme celluy de
devant. (c) Le troisiesme, et dernier est appellé poinct d'Addition, ou
d'augmentation, c'est celuy lequel nous trouvons le plus en usage, car il
sert tant aux signes parfaits, que aux imparfaits, et vaut tousiours la moitié de sa note precedente. (d)

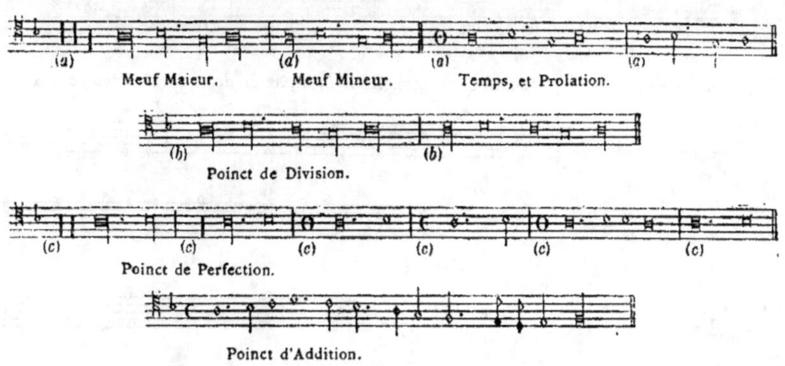

CHAPITRE X.

Des proportions, et de leurs signes

Proportion n'est autre chose, qu'une comparaison d'un nombre à un
autre d'inegale valeur, comme de deux à un, ou de trois à deux, et non de
un à un, ne de deux à deux, et ainsi consequemment des autres. Et est
divisée en deux, c'est à sçavoir en Maieure, et Mineure. Et premierement

la Maicure proportion est cognuë quand le Maieur nombre est mis, et situé dessus le Mineur, comme deux sur un, ou quatre sur deux (que lors nous appellons double proportion). (a) Triple qui est trois pour un. (b) Quadruple quatre pour un. (c) Sesquitierce, quatre pour trois. (d) Et Sesquiautre (que le vulgaire appelle Sesquialtera) trois pour deux. (e) Lesquelles proportions ainsi signées, font diminuer leurs notes d'autant que le nombre le demonstre. c'est à dire qu'il faut passer autant de notes, que le nombre Maieur vaut, en aussi peu de temps, et contre celles, que demonstre, et vaut le Mineur nombre, qui est dessous iceluy Maieur. Et pour faire cesser en apres laditte proportion, ne faut que changer seulement le nombre, qui est de mettre le Mineur dessus le Maieur. (f) Adonc la proportion prendra fin, ou y mettre quelque autre signe plus evident, pour demonstrer la fin de laditte proportion, comme appert par l'exemple suyvant, laquelle suffira pour demonstrer combien les notes diminuent, selon que la proportion est signée.

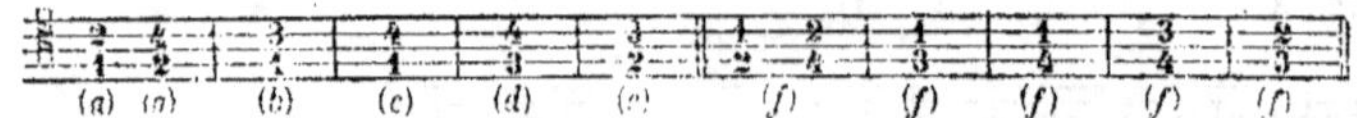

Exemple de la double proportion, en laquelle il faut passer deux Semibreves pour une.

CHAPITRE XI.

De la Mineure proportion.

La Mineure proportion, est quand le Mineur nombre est premierement mis, et situé dessus le Maieur, comme un sur deux, ou deux sur
quatre, et ainsi de tous les autres. (a) Alors les notes augmentent de telle
sorte, et d'autant de valeur comme elles ont diminué cy devant en la
Maieure proportion, c'est-à-dire que les notes quelles qu'ils soient
demonstrées par le Mineur nombre, qui est dessus le Maieur, augmentent
iusques à la concurrence du Maieur nombre, selon qu'il est signé. Et
soudainement ledit nombre mis au rebours, ou quelque autre signe plus
evident, laditte proportion prendra fin, comme cy devant a esté dit, et

declaré en la Maieure proportion, Et comme appert par l'exemple suyvant,
laquelle demonstre l'augmentation des notes, selon la proportion signée.

Desquelles proportions cy dessus nous n'en avons maintenant que
deux qui soient en usage, que nous appellons Tripla, trois pour un, et
Sesquialtera, trois pour deux, lesquelles se figurent maintenant ainsi (a)
ou ainsi. (b) Et n'y a aucune difference entre ces deux signes, sinon que
le premier doit avoir son nombre parfait par trois, et l'autre par deux, ie

n'en feray d'autre mention pour le present, par ce qu'ils sont assés cognus (combien que ie trouve autres signes pour aisement les discerner, et cognoistre) selon Io. Froschius en son dit livre intitulé *Rerum musicalium opusculum* Chapitre 18. qui sont tels pour le Tripla ainsi (c) ou ainsi. (d) Et le Sesquialtera ainsi (e) ou ainsi. (f) Et est de ceste opinion Glarianus en son *Dodecachordon* troisiesme livre, Et de ma part il me semble qu'ils sont plus evidents pour discerner le Tripla d'avecques le Sesquialtera, pour raison des signes qui y sont, par lesquels l'on cognoit aisement le Tripla, trois pour un, et Sesquialtera, trois pour deux, que les signes que nous y mettons à present. Et mesme soubs la lettre de 3. le Tripla est formé, et entendu, Et le Sesquialtera pareillement : mais pour bien l'entendre si en toutes les parties laditte lettre de 3. y est, ce sera Tripla, si elle n'est qu'en une, ou en deux parties contre les autres qui chanteront en nombre binaire, alors ce sera Sesquialtera, trois pour deux, autrement il est mal aisé de les cognoistre, pour ce qu'ils sont tous deux signés d'un mesme signe, tesmoing Iosquin en l'Osanna de sa messe *Ave maris stella*.

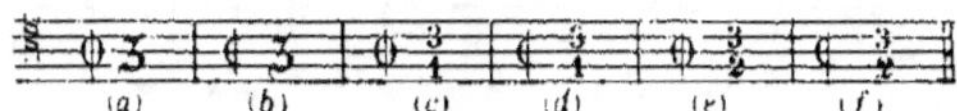

CHAPITRE XII.

De l'augmentation d'aucuns signes, au regard des autres.

Toutes-fois, et quantes que le signe de la Prolation parfaitte est signé en une partie contre l'imparfaitte, qui est cognuë par l'absence du poinct mis, et situé dedans le cercle, les notes, et pauses de laditte Prolation parfaitte doublent, et augmentent de valeur, de sorte que la Semibreve parfaitte vaudra trois mesures, et la Minime blanche une, et sera alors laditte Prolation appellée signe d'Augmentation, pour le regard des autres parties. Exemple. (a) Et si elle est signée en toutes les parties, il n'y aura nulle augmentation à une partie plus qu'à l'autre : mais ce sera parfaitte Prolation. Exemple. (b) Aussi, si en quelque degré que ce soit, le cercle rond, ou demy est mis en une partie sans aucune barre par le milieu dudit cercle, contre un autre signe, qui soit barré, la partie de celuy sans barre augmentera, et doublera par tout d'une fois autant que sa valeur contre

l'autre partie. Exemple. (c) Et pour ceste raison les signes qui sont barrés
sont dits tousiours estre à la moitié de ceux, qui sont sans aucune barre,
lesquels doublent de valeur contre les autres. Et pareillement, si ceste lettre
de 2. est apposée apres quelque signe que ce soit parfait, ou imparfait en
une, ou en deux parties des quatre, les autres parties, qui seront sans
laditte lettre de 2. augmenteront, et doubleront de valeur contre les autres,
qui auront laditte lettre. Exemple. (d) mais quand toutes les parties sont
de semblable signe, il n'y a nulle augmentation à une plus qu'à l'autre. (e)
Ne pareillement en telle sorte. (f) Car la difficulté ne gist qu'à ceux barrés
comparés aux autres sans barre.

DUO (d)
DUO (d)
DUO (e)
DUO (e)
DUO (f)
Réduction
DUO (e)
Réduction

CHAPITRE XIII.

Pour apprendre à accorder les quatre parties

Il est de besoing à celuy (qui desire accorder ensemble les quatre parties) de regarder la plus basse note de la Bassecontre, et la plus haute du Dessus, affin que cela fait il puisse bailler le ton, en telle sorte que les parties soient ouyes, et le ton baillé, premierement à la Bassecontre, lors il pourra facillement prendre le ton des autres parties, selon l'assiette de leurs premieres notes.

CHAPITRE XIV.

Des huit tons de toute Musique.

Pour facilement entendre, et sçavoir, que c'est que d'un ton, ce n'est autre chose sinon qu'une certaine situation de notes par regle, contenant expressement la maniere de cognoistre leur fin, et notes dominantes, par lesquelles un chascun ton est cognu. Et sont lesdits huit tons divisés en deux sortes, dont il y en y a quatre, que nous appellons *Autenti Toni*. Et les autres quatre *Plagales*. *Toni Autenti* sont appellés ceux lesquels ne descendent que d'une note plus bas que leur fin, et en peuvent monter

huit, ou neuf par dessus regulierement, et sont quatre de telle sorte, c'est asscavoir le premier, le troisiesme, le cinqiesme, et le septiesme. Les autres quatre sont appellés *Plagales*, lesquels ne peuvent monter regulierement plus haut que leur fin, que de cinq, ou six notes, et par dessoubs descendre de quatre, Qui sont le second, le quatriesme, le sixiesme, et le huitiesme.

CHAPITRE XV.

De leurs notes dominantes, et de leur fin.

Le premier, et le second se finent tous deux en ré, mais le premier a sa note dominante en la, qui est une quinte plus haut que sa fin, Et le second en fa. qui n'est qu'une tierce seulement. (a)

Le tiers, et le quart se finent tous deux en mi, mais le tiers a sa note dominante en fa[1], une sixte plus haut que sa fin, Et le quart en la, d'une quarte. (b)

Le quint. et le sixte se finent tous deux en fa, Le cinqiesme en fa[2], une quinte plus haute que sa fin, pour sa dominante, Et le sixte en la, une tierce. (c)

Le septiesme, et le huitiesme se finent tous deux en ut[3], Le septiesme est en sol[4], une quinte de sa fin, pour sa dominante, Et le huitiesme en fa[5]. une quarte, dont la regle commune s'ensuit.

Pri. ré, la. Se. ré, fa. Ter. mi, fa. Quart, quòque mi, la. Quint. fa, fa. Sex. fa, la. Sept. ut, sol. Oct. tenet ut, fa. S'il en y a aucun qui excede, et outrepasse les limites de son ton, il sera appellé irregulier, et pareillement s'il n'observe les dominantes, ainsi que dit est.

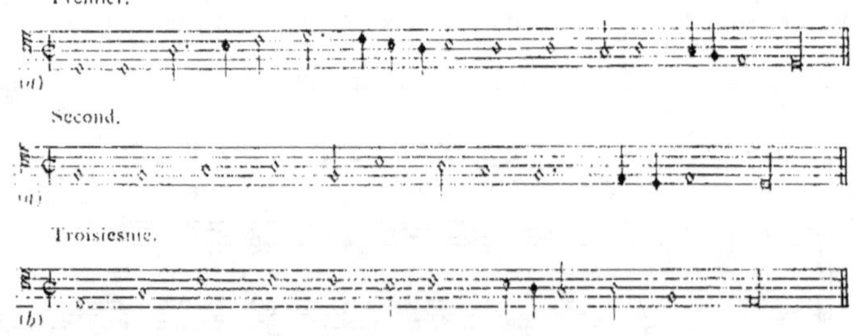

---

(1) Terme de l'ancienne solmisation; nous disons aujourd'hui en *ut*. (2) Nous disons en *ut*; (3) en *sol*; (4) en *ré*; (5) en *ut*.

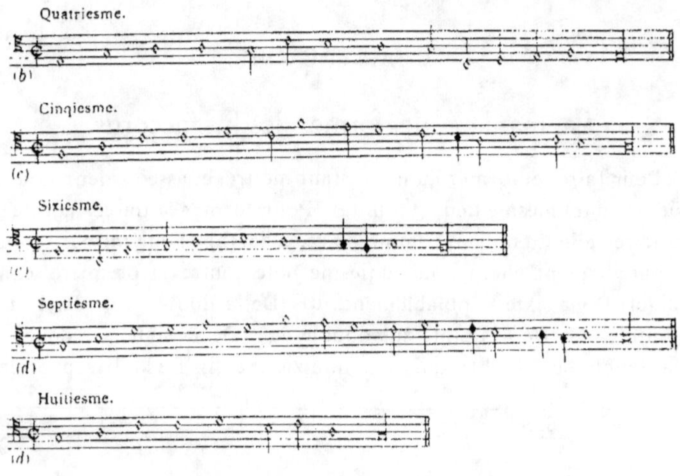

CHAPITRE XVI.

Le nombre des concordances, et accords.

Il n'y a que quatre accords, dont l'unisson est le premier, lequel se fait de deux notes, ou plusieurs en un mesme ton. Le second accord, est une tierce, qui sont trois notes. Le troisiesme est une quinte, qui sont cinq notes. Le quatriesme est une sixte, qui sont six notes. Voila les quatre accords, dont il y en y a deux parfaits, qui sont l'unisson, et la quinte, et deux imparfaits, qui sont la tierce, et la sixte, Et different de l'un à l'autre, car l'accord parfait rend beaucoup plus de douceur, et d'armonie, que l'accord imparfait. Il y a plusieurs autres accords, lesquels sont formés des quatre cy dessus nommés. Et premierement de l'unisson est formée la double, laquelle est à huit notes de l'unisson, et pareillement en est formée la quinziesme (que nous appellons double sus double), De la quinte est formée la douziesme (que nous appellons quinte sus double), qui sont les deux accords parfaits. De la tierce est formée la dixiesme, qui est appellée tierce sus double, et la dixseptiesme, Et de la sixte est formée la treiziesme, autrement sixte sus double, qui sont les deux autres accords imparfaits.

CHAPITRE XVII.

La maniere de former lesdits accords.

Pour faire, et former l'unisson, faut mettre, et asseoir deux notes, ou plusieurs en un mesme lieu, et ton. (a) Pour former la tierce faut de trois notes taire celle du milieu, comme de ré, à fa. (b) Pour former la quinte faut pareillement chanter la cinqiesme note contre la premiere, comme ré, la. (c) De la sixte semblablement. (d) De la double. (e) De la tierce sus double. (f) De la quinte sus double. (g) De la sixte sus double. (h) De la double sus double, qui est la quinziesme. (i) De la dixseptiesme. (k)

CHAPITRE XVIII.

Pour apprendre à faire Contrepoinct.

Apres avoir eu ample cognoissance des accords cy dessus nommés, il ne reste que de sçavoir maintenant la maniere d'en user, et pratiquer. Et pour ce faut retenir que pour commencer à faire Contrepoinct, qui est de faire accords note contre note, il convient pour le commencement desconter depuis la note sur laquelle l'on veut faire, et former un accord, iusques à la quinte, ou à la double, par ce qu'il faut tousiours commencer

son Contrepoinct par un accord parfait, et y finir pareillement. Et faut tousiours prendre, et choisir les plus prochains accords que l'on pourra, de sorte que s'il est possible ne faut eslongner une partie de l'autre de la double, ou tierce sus double, pour le plus. Et semblablement ne faut descendre iusques à l'unisson, combien qu'il soit accord parfait, toutes-fois il n'est pas bon, ne licite d'en user, parce que des deux parties n'en sembleroit que une, si ce n'est en quelque cadence, exemple de ce que dessus.

CHAPITRE XIX.

Regles generales des accords parfaits.

Deux accords parfaits sont deffendus l'un apres l'autre, cela se doit entendre de deux doubles ensemble descendant. ou montant sans aucune note entre deux. (a) Et semblablement deux quintes. (b) Mais de la double à la quinte, ne de la quinte à la double, cela n'est point deffendu, tant en montant, qu'en descendant, combien que ce soient deux accords parfaits. (c)

CHAPITRE XX.

Des accords imparfaits.

Accords imparfaits sont bons, l'un apres l'autre, et peut-on en user trois, quatre, et d'avantage, sans aucune note entre deux. (d)   Toutes-fois le moins de sixtes que l'on pourra, par ce que l'accord en est rude, et mal sonant, si la double ne la suit soudainement, comme sa propre nature le requiert. (e)   Et la quinte apres la tierce. (f)   C'est ce que communement on appelle cadence.

CHAPITRE XXI.

Des Minimes, et Demiminimes.

Si en apres l'on veut faire Minimes blanches contre Semibreves, ou notes de plain chant, faut que lesdittes Minimes soient toutes bonnes, contre lesdittes Semibreves. (a)   Et pour faire quatre noires, contre une desdittes Semibreves, faut que la premiere, et troisiesme desdittes noires, soient tousiours bonnes, et fournies de bons accords contre icelles Semibreves, car faut entendre, qu'entre deux bonnes une mauvaise passe, laquelle est sauvée, et entendue, par la note precedente. (b) Aussi il y a autres mauvais accords, lesquels sont sauvés, et entendus par la note subsequente, et cela advient le plus souvent en cadences, car toute cadence se doibt achever, et finir par un accord parfait, lequel pour la douceur, et harmonie qu'il rend en la fin de laditte cadence, fait ce mauvais accord precedent estre doux, et harmonieux, comme il appert en la fin de l'exemple suyvant.

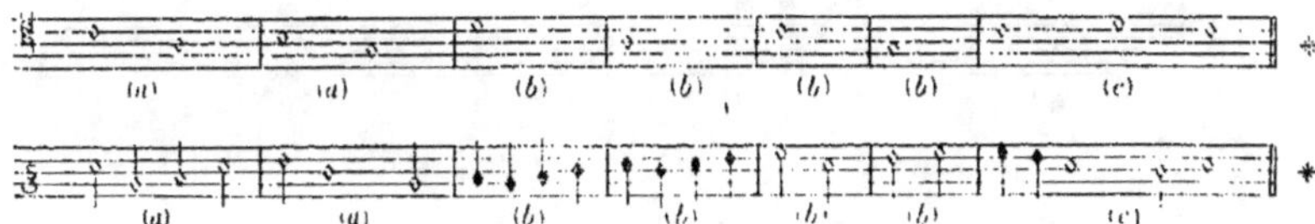

CHAPITRE XXII.

Pour faire un accord à trois parties.

Pour composer à trois parties, faut pareillement coucher ses accords tousiours au plus pres que l'on pourra, de sorte, que si la Taille est à la

tierce, ou à la quinte de la Bassecontre, l'autre partie en sera à la double, ou au plus prochain accord que l'on pourra trouver, affin que l'on ne puisse adiouster une autre partie entre deux. (d) Et doivent lesdittes parties estre garnies de bons, et valables accords contre icelle-ditte Bassecontre, car c'est le fondement, et celle qui supporte toutes les autres parties, lesquelles ne sont subiectes d'estre garnies d'accords, l'une contre l'autre : mais peuvent user de quartes, et autres mauvais accords, pourveu qu'icelle-ditte Basse-contre face son devoir de les sauver, ce qu'elle peut faire facilement. (e) Et feront leur cadence ainsi, c'est-assavoir, que la Taille sera à la quinte de la Bassecontre, et finira à l'unisson, ou à la double plus haut. Et l'autre partie en sera à la tierce, ou tierce sus double, et finira à l'unisson, ou à la double plus haut, selon que seront les parties, et le vouloir du compositeur. (f).

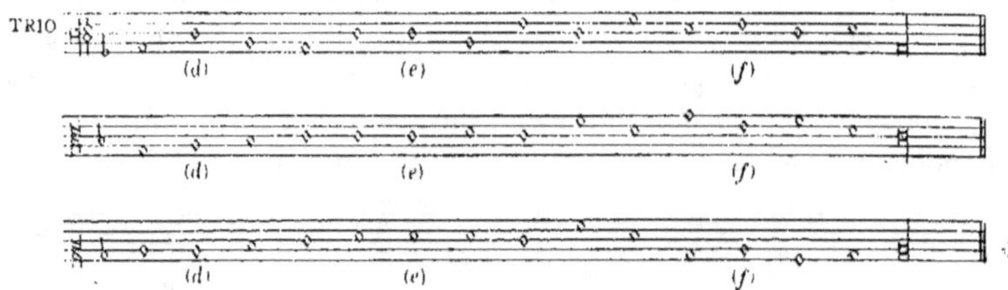

CHAPITRE XXIII.

Pour faire un accord à quatre parties.

Pour composer à quatre parties, si la Taille est à l'unisson de la Bassecontre, la Hautecontre montera à la tierce, ou à la quinte plus haut, et le Dessus iusques à la double de laditte Taille. (a) Et quand la Taille sera

d'une quinte plus haut que laditte Bassecontre, la Hautecontre montera
encore plus haut d'une quarte, et le Dessus encore plus haut d'une tierce. (b)
Et quand laditte Taille en sera à la double, la Hautecontre sera encore
plus haute d'une tierce, et le Dessus encore plus haut d'une autre tierce,
aucunes-fois d'une sixte. (c)   Et quand laditte Taille en sera à la tierce sus
double, alors la Hautecontre montera d'une tierce encore plus haut, et le
Dessus encore plus haut d'une quarte. (d) Et ne faut eslongner ses parties
d'avantage, car la Musique en seroit trouvée fort nue, et estrange : mais faut
asseoir ses accords plus pres, pour la rendre douce, et plus remplie. Et feront
leur cadence ainsi, c'est-assavoir la Taille tousiours à la quinte de la Bassecontre, la Hautecontre d'une quarte plus haut, qui sera à la double de la
Bassecontre. Et le Dessus à la tierce sus double d'icelle Bassecontre, et
finiront toutes à la double l'une de l'autre, fors la Hautecontre, laquelle
demeure à la tierce, ou quinte sus double. (e)

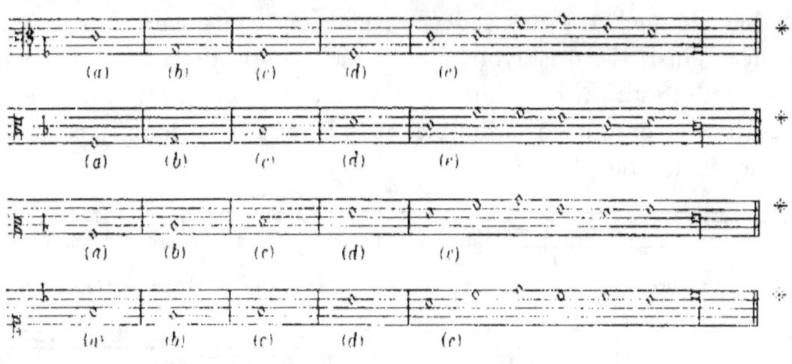

CHAPITRE XXIV.

Deux cadences irregulieres.

En tous les lieux, et sur toutes notes, où l'on voudra faire cadence, l'on pourra coucher les accords chascun en son lieu, et en la mesme sorte que les cadences cy devant specifiées : excepté la cadence de *a la mi ré*, en chant de ♭ mol, et celle de *e la mi*, tant en ♭ mol, qu'en ♮ quarré. Lesquelles ne se peuvent faire, ne former comme les autres, par ce que la Taille, qui doit avoir en toutes cadences, une quinte parfaitte, contenant trois tons, et demy, contre la Bassecontre, n'a en ces deux cadences (cy dessus nommées) que deux tons, et deux demy tons, en sorte qu'il n'y peut avoir aucun accord, pour raison que la Taille chante *fa*, et la Basse-contre *mi*, qui est une quinte que nous appellons, et disons estre fauce. (a) Au lieu desquelles dittes cadences, nous en avons deux autres, qui sont formées ainsi, C'est-assavoir, que la Bassecontre descendra à la tierce de la Taille, et finira à la quinte. La Hautecontre sera à la quinte de laditte Bassecontre, et finira à la double, et le Dessus à la double, et finira à la quinte sus double. (b)

CHAPITRE XXV.

Autres cadences fort douces, et harmonieuses.

Nous trouvons quelquefois, que la Taille fait la cadence du Dessus, à
la double de la Bassecontre. La Hautecontre, celle de la Taille. Et le Dessus
celle de la Hautecontre. Laquelle chose est fort douce, et plaisante. (a)
Aussi quand la Taille, et la Hautecontre font ensemble une cadence. La
Taille à la quinte de la Bassecontre, et la Hautecontre à la double, et le
Dessus à la tierce sus double, c'est pareillement un accord fort harmonieux. (b) Et combien qu'en faisant cesdittes cadences, il se trouve aucuns
mauvais accords, les unes parties, contre les autres, et mesmement contre
la Bassecontre, ce neantmoins ils sont bons, pource qu'en faisant fin à la
cadence, l'accord parfait s'ensuit, lequel les fait, et rend doux, et harmonieux : Aussi qu'ils sont entendus, et sauvés par la notte subsequente,
comme i'ay autres-fois dit.

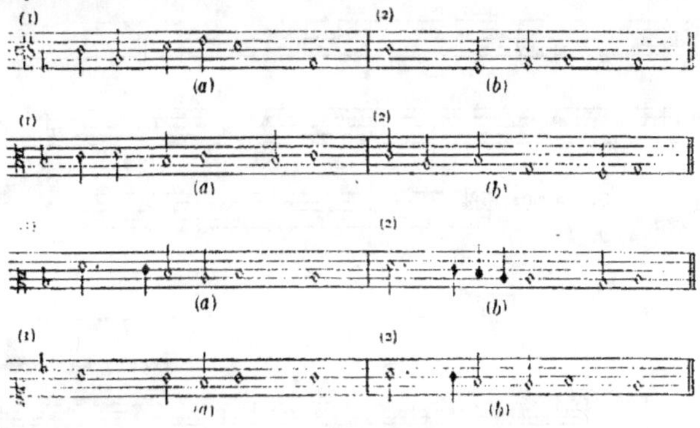

CHAPITRE XXVI.

Pour faire un accord à cinq parties.

Pour composer à cinq parties, l'on pourra facilement trouver accords propices pour la cinqiesme partie. Aussi qu'il n'est besoing que les cinq parties chantent continuellement ensemble, n'y pareillement quatre : mais on les peut aucunes-fois entrelasser à trois, ou à quatre parties, par le moyen d'aucunes pauses, qui est une chose souvent de meilleure grace, que si lesdittes cinq parties chantoient tousiours ensemble. Et la cadence de la cinqiesme partie sera à la tierce de la Bassecontre, et finira à la quinte, ou d'une double plus haut, selon que ce sera Taille, ou Dessus. (e)

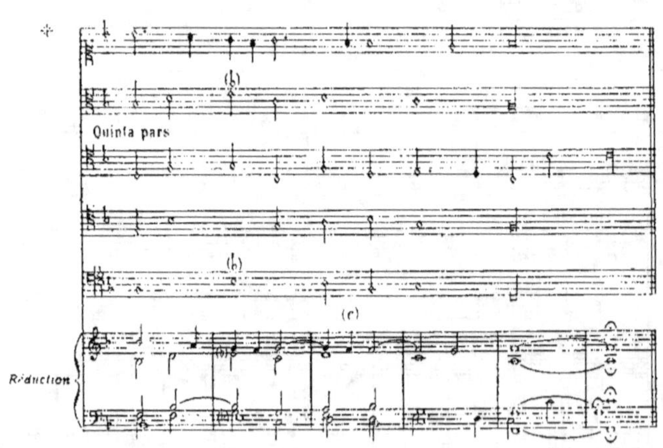

CHAPITRE XXVII.

Ce qui est necessaire devant que de composer.

Il est de besoing à celuy qui desire coucher par escript, soit à deux, à trois, à quatre, ou à cinq parties, de considerer premierement de quel ton il veut faire sa chanson, ou autre chose que ce soit, affin qu'il en puisse observer la note dominante, c'est de faire l'une des principales cadences de sa chanson, sur la dominante de son ton. Et aussi de n'outrepasser les limites d'iceluy, qui est de ne le monter plus haut qu'il ne doit, ne de le descendre pareillement plus bas, et de le faire finir suyvant sa nature. Lesquelles choses se doivent observer, et garder en la partie de la Taille. Et aussi que Franchinus Gaforus dit, que si la lettre est louable, ou modeste, qu'il la convient mettre du premier, ou du huitiesme ton. Si elle est aspre, et dure du troisiesme, ou du septiesme. Et si elle est pitoyable, ou lamentable du quatriesme, ou du sixiesme, combien que peu de Musiciens y prennent garde, mesme aussi faut observer en la fin de la Musique le nombre par deux, quand le Mineur imparfait est signé, qui est nombre binaire. Et par trois quand le parfait y est, qui est nombre ternaire. Et de faire chanter ses parties le plus plaisamment que l'on pourra, lesquelles choses sont fort louables entre les Musiciens.

CHAPITRE XXVIII.

Pour cognoistre les Canons.

Considerant que beaucoup de ieunes gens laissent à chanter souventesfois quelque bonne Musique à faute d'entendre, et sçavoir quelque petite difficulté, que les Musiciens mettent souvent en une partie de leur Musique, qu'ils appellent vulgairement Canon, Cela m'a induit à rediger par escript, le plus briefvement, que i'ay peu faire les differences qu'il y a. Et pource aucuns Musiciens ont de coustume de signer le Canon, non seulement quand il se doit commencer, car coustumierement ils le font : mais aussi de signer le propre ton sur lequel il se doit prendre, si faire se peut, sans y mettre aucun titre par dessus les autres, en y mette pour plus aisement les cognoistre, et pour tant.

Canon in Diatessaron, c'est à la quarte.

Canon in Diapente, c'est à la quinte.

Canon in Diapason, c'est à la double.

Canon in Disdiapason, c'est à la double sus double.

Il y a autres Canons, ausquels il gist grande difficulté, pour raison que l'on ne donne à cognoistre la maniere de les trouver, cela pareillement se fait à plaisir, pour donner à penser, non seulement aux ieunes : mais aussi à ceux lesquels sont usités de long temps en la Musique : comme pourras voir par l'exemple du Canon quatriesme.

Canon in Diatessaron.*

*Canon in Diatessaron.

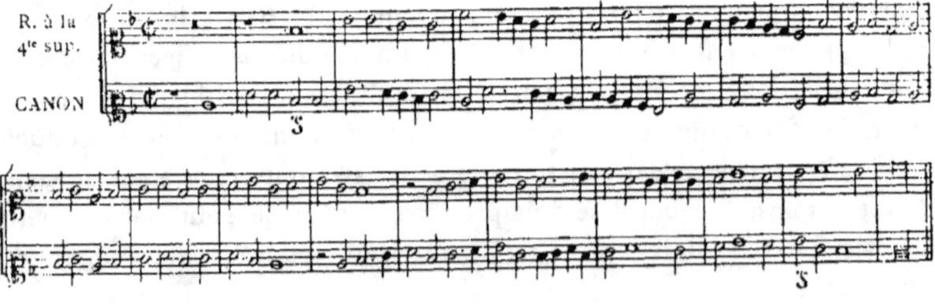

Canon in Diapente.*

Canon in Diapason.**

*Canon in Diapente.

**Canon in Diapason.

Canon en un mesme ton : mais au rebours du chant.✶

FIN

✶Canon en un mesme ton : mais au rebours du chant.

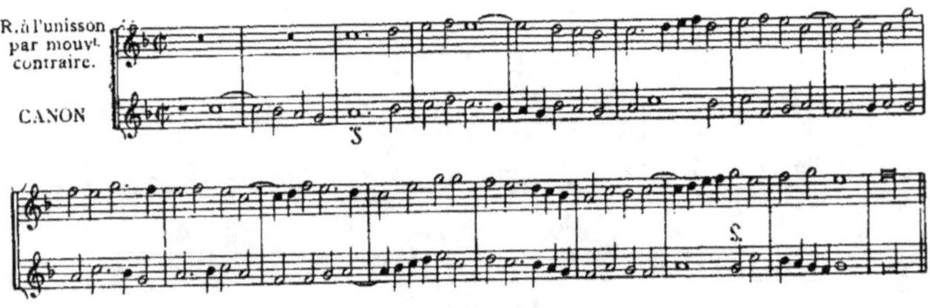

Michel de Menehou. — Chanson « *Le souvenir de madame iolie* ».

O Cu_pi_do viens moy tost re_ti_rer De
O Cu_pi_do viens moy tost re_ti_rer De
O Cu_pi_do viens moy tost re_ti_rer
O Cu_pi_do viens moy tost re_ti_rer
ce malheur, me don_nant iou_is_san_ce De
ce malheur, me don_nant iou_is_san_ce De mes a
De ce malheur, me don_nant iou_is_san_ce De mes
De ce malheur, me don_nant iou_is_san_ce De mes a_
mes a_mours, ou à la mort ti_rer Me con_
_mours, ou à la mort ti_rer Me con_vien_
a_mours, De mes a_mours, ou à la mort ti_rer Me con_vien_
_mours, De mes a_mours, ou à la mort ti_rer Me con_

vien _ dra, et tout par de _ splai _ san ce Me con _
_ dra, et tout par de _ splai _ san ce Me con _ vien _
_ dra, et tout par de _ splai _ san ce Me con _ vien _
vien _ dra, et tout par de _ splai _ san _ ce Me con _
_ vien _ dra, et tout par de _ splai _ san _ ce.
_ dra, et tout par de _ splai _ san _ ce.
_ dra, et tout par de _ splai _ san _ ce.
vien _ dra, et tout par de _ splai _ san _ ce.

IMPRIMERIE A. GAUTHERIN

131, rue de Vaugirard, 131

PARIS